Произведенія
воспитанниковъ
Императорской
Академіи Художествъ
удостоенныя наградъ.

*Prix remportés
par les Élèves de L'Académie Impériale
des Beaux Arts de St. Petersbourg.*

1805

ИМПЕРАТОРСКОЙ Академіи Художествъ ученикамъ Историческаго Живописнаго и Скульпторнаго классовъ задана была для конкурса къ большой золотой медали слѣдующая изъ Россійской Исторіи программа: ,,По пораженіи ,,Мамая, Князья Рускіе и воины, сошедшись на ,,мѣсто сраженія и не обрѣтая Великаго Князя ,,своего Дмитрія Ивановича Донскаго, ищутъ ,,его и находятъ раненаго въ рощѣ при по,,слѣднемъ почти издыханіи. Кровь струится ,,изъ ранъ его: но радостная вѣсть о совер,,шенной побѣдѣ оживляетъ умирающаго Вели,,каго Князя.‟

Въ слѣдствіе сего въ большомъ Собраніи Императорской Академіи Художествъ 1го Сентября 18 5го года удостоены большихъ золотыхъ медалей Гнъ Кипренской за картину, и Гда. Кащенковъ и Ворошиловъ за барреліефы.

L'Académie Impériale des beaux Arts proposa au dernier concours de ses élèves pour le grand prix de peinture et sculpture de la classe d'histoire, le sujet suivant, tiré des annales de Russie. „Après la victoire „sanglante remportée sur les trouppes de Mamay, les „Princes Russes et autres guerriers, ne voyant pas leur „Grand Duc Dmitry Donskoy sur le champ de bataille, „le trouvent dans le bois, étendu sur la terre, dange-„reusement blessé et touchant à son dernier moment. „Le sang ruisseloit encore de ses blessures, mais la „nouvelle qu'ils lui apportent de la défaite complette „des Tartares le ranime."

En conséquence l'Assemblée générale de l'Académie Impériale du 1er. Septembre 1805 décerna trois 1res. prix, consistant en grandes médailles d'or, un pour la peinture au Sr. Kiprenskoy et deux pour la sculpture aux Srs. Kaschenkoff et Worotiloff.

№ I.
Программа Гна. Кипренскаго.

Рисунокъ подъ № I. изображаетъ картину, за которую Гнъ Кипренской удостоенъ большой золотой медали. Сочиненіе найдено вообще довольно пріятнымъ, группы расположены весьма выгоднымъ образомъ для произведенія дѣйствія, костюмъ въ одѣяніяхъ и въ воинскихъ доспѣхахъ соблюденъ точно того времени. Голова Великаго Князя исполнена выраженія, и радость объ одержанной побѣдѣ, его одушевляющая, купно съ благодарностію ко Всевышнему, живо изображены въ томныхъ взорахъ его, устремленныхъ къ небесамъ. Сіе произведеніе есть первый опытъ трудовъ сего молодаго Художника, подающаго о себѣ большую надежду.

No. I.
Programme du Sr. Kiprenskoy.

La planche No. I. offre l'esquisse du tableau sur lequel a concouru le Sr. Kiprenskoy. La composition en général est agréablement conçue, les grouppes y sont disposés avantageusement pour l'effet, le costume est exacte, et la tête du Grand Duc a beaucoup d'expression. La joye de la victoire remportée, qui le ranime à son dernier moment, et sa reconnoissance envers l'Etre suprême, éclatent dans ses regards languissans tournés vers le ciel. Cet ouvrage est le premier essai d'un jeune artiste, qui donne les plus heureuses espérances.

Кипренскій Гр. Петрово   pinx: Верещагин

No. II.
Программа Гна. Кащенкова.

Рисунокъ подъ No. II. изображаетъ барелíевъ, за который Гнъ. Кащенковъ удостоенъ большой золотой медали. Въ семъ сочиненíи примѣченъ съ одной стороны штиль древнихъ произведенíй, а съ другой подражанíе Пуссеню въ разсужденíи расположенíя фигуръ, въ разстоянíи между коими данъ художникомъ приличный отдыхъ; почему и заслуживаетъ онъ особливую похвалу: но въ отдѣлкѣ есть нѣкоторая холодность, или робость, что наиболѣе видно въ главной фигурѣ Великаго Князя.

No. II.
Programme du Sr. Kaschenkoff.

La planche No. II. offre l'esquisse du bas-
relief sur lequel a concouru le Sr. Kaschenkoff.
On y remarque d'un côté un style antique et
de l'autre une imitation du Poussin, où l'on
trouve du repos dans la distribution des masses,
ce qui lui attira de justes éloges. On a observé
néanmoins dans l'exécution quelque froideur,
ou timidité, sur tout dans la principale figure
du Grand Duc.

N̊ III.

Программа Гна. Ворошилова.

Рисунокъ подъ N̊ III. изображаетъ барелiевъ по которому Гнъ. Ворошиловъ удостоенъ большой медали. Хотя въ семъ сочиненiи и примѣтно, что онъ не столько старался подражать древнимъ произведенiямъ, а слѣдовалъ больше стремленiю своего воображенiя, и что фигуры его не такъ правильны, но разположены однако смѣло и вообще видно много огня. Счастливая мысль Художника представить группу плѣнниковъ, приведенныхъ предъ Великаго Князя въ знакъ одержанной побѣды, служитъ много къ объясненiю предмета сего произведенiя, которое вообще заслуживаетъ похвалу.

N.° III.
Programme du S.ʳ Worotiloff.

La planche N.° III. offre l'esquisse du bas
relief sur lequel a concourû le S.ʳ Worotiloff.
Il paroit qu'il s'est abandonné entiérement à
la vivacité de son imagination, sans s'attacher
trop à étudier l'antique. Aussi ses figures ne
sont-elles pas très correctes, mais on y voit de
la hardiesse et en général beaucoup de feu.
L'idée heureuse, que l'Artiste a eûe de repré-
senter un groupe de prisonniers qu'on améne
devant le Grand Duc, pour preuve de la victoire
remportée, sert très ingénieusement à expliquer
le sujet de sa composition qui en général mé-
rite des éloges.

Архитектурнаго класса ученикамъ задана была слѣдующая программа: „Сочинить проектъ зданію для театральнаго училища, въ которомъ „помѣщены должны быть: 1) публичный боль- „шой театръ съ комнатами для переодѣванія „и храненія разныхъ театральныхъ вещей, и „залы для публичныхъ концертовъ, танцовъ и „репетицій; 2) училище для 50 воспитанниковъ „обоего пола, одно отъ другаго отдѣленное, „гдѣ должна быть церковь безъ всякихъ наруж- „ныхъ признаковъ, залы для ученія, для ре- „креаціи, спальни, столовыя, кухни и покои „для чиновниковъ. Всему зданію полагается „длина 150 саженъ, а ширина 100 саженъ; вели- „чина масштаба одинъ Англинской дюймъ на 5 „саженъ. Украшенія самыя важныя и благо- „родныя могутъ оному приличны быть.“

По сей программѣ проекты Г. Калашникова и Г. Протопопова удостоены большихъ золотыхъ медалей.

L'Académie Impériale proposa aux élèves de la classe d'Architecture, pour sujet du grand prix, le projet d'un collége théatrale. „Cet édifice doit contenir: 1) un „grand théatre avec des foyers et des magazins pour „les machines et la garde-robe, des sales pour concerts, „danse et repetitions;   2) un collége pour 50 élèves „des deux sexes, dont les appartemens seront séparés. „Il doit renfermer une église sans aucune marque dis-„tinctive extérieure, des sales d'études, de récréation et „de décorations, des réfectoirs, cuisines, chambres „d'office et logemens pour les employés. On est libre „de donner à l'ensemble de l'édifice telle forme qu'on „voudra, pourvû qu'il n'excède pas 150 toises de „longueur sur 100 toises de largeur. Il est succeptible „de la décoration la plus imposante.   L'echelle est „d'un pouce Anglois sur 5 toises."

En conséquence l'assemblée de l'Académie décerna deux premiers prix, consistant en grandes médailles d'or, aux Srs. Kalaschnicoff et Ptotopopoff.

№ IV.

Программа Гна. Калашникова.

Рисунки подъ № IV. изображаютъ фасадъ, разрѣзъ и планъ проекта, по которому Г. Калашни-
никовъ удостоенъ золотой большой медали.

Планъ зданія сего сочиненъ хорошо, и всѣ
части онаго разположены соотвѣтственно заданной программѣ. Театръ, какъ главный пред-
метъ онаго, представляетъ портикъ изъ 8
колоннъ Коринѳскаго ордена, примкнутый къ
двумъ заднимъ корпусамъ, который сдѣланъ въ
хорошемъ штилѣ и служитъ украшеніемъ цѣлой
фасадѣ. Два заднíе корпуса Дорическаго ордена,
соединены будучи весьма приличнымъ образомъ
съ цѣлымъ зданіемъ, отличаютъ довольно глав-
нѣйшую онаго часть. Но лучшебы было вмѣсто
Дорическаго употребить Іоническóй орденъ,
какъ больше съ Коринѳскимъ согласный. Впро-
чемъ сочиненіе сіе дѣлаетъ честь молодому
Художнику, который со временемъ пріобрѣ-
тетъ конечно еще больше познанія и вкуса.

Изъясненіе Плана.

A. Церковь.

Г. Училище воспитанниковъ.   } съ классами.
                               съ спальнями.
C. Училище воспитанницъ.   } съ столовыми
                                 и проч.

D. Квартиры для чиновниковъ.
E. Зала для концертовъ.
F. Зала для репетицій и танцовъ.
G. Зала для писанія декорацій.
H. Театръ съ принадлежащими залами.

No. IV.

Programme du Sr. Kalaschnicoff.

Les planches No. IV. offrent la façade, la coupe et le plan du projet sur lequel a concouru le Sr. Kalaschnicoff.

Le plan de cet édifice est bien conçu et la disposition de toutes ses parties est conforme au programme donné. Le Théatre, qui est l'objet principal, présente un portique de 8 colonnes de l'ordre Corynthien, appuyé sur deux arriere-corps et faisant ressortir cette façade, qui est d'un bon style. Les seconds arriere-corps de l'ordre Dorique sont bien adaptés à la masse et en font valoir la principale partie. Mais il seroit à desirer que l'artiste eût substitué à l'ordre Dorique le Jonique qui convient mieux près l'ordre Corynthien. Au reste ce projet fait honneur au jeune artiste, qui par la suite acquérera sans doute encore plus de gout et de connoissance.

Renvoi du Plan.

A.   Eglise.
B.   ⎤ Collége des élèves des deux sexes, y compris les
C.   ⎦   sales de classes, de récréation, les dortoirs, les
           réfectoirs etc.
D.   Logemens des employés.
E.   Sale de concerts.
F.   Sale de répétition.
G.   Sale pour peindre les décorations.
H.   Théatre avec ses foyers et la garde-robe.

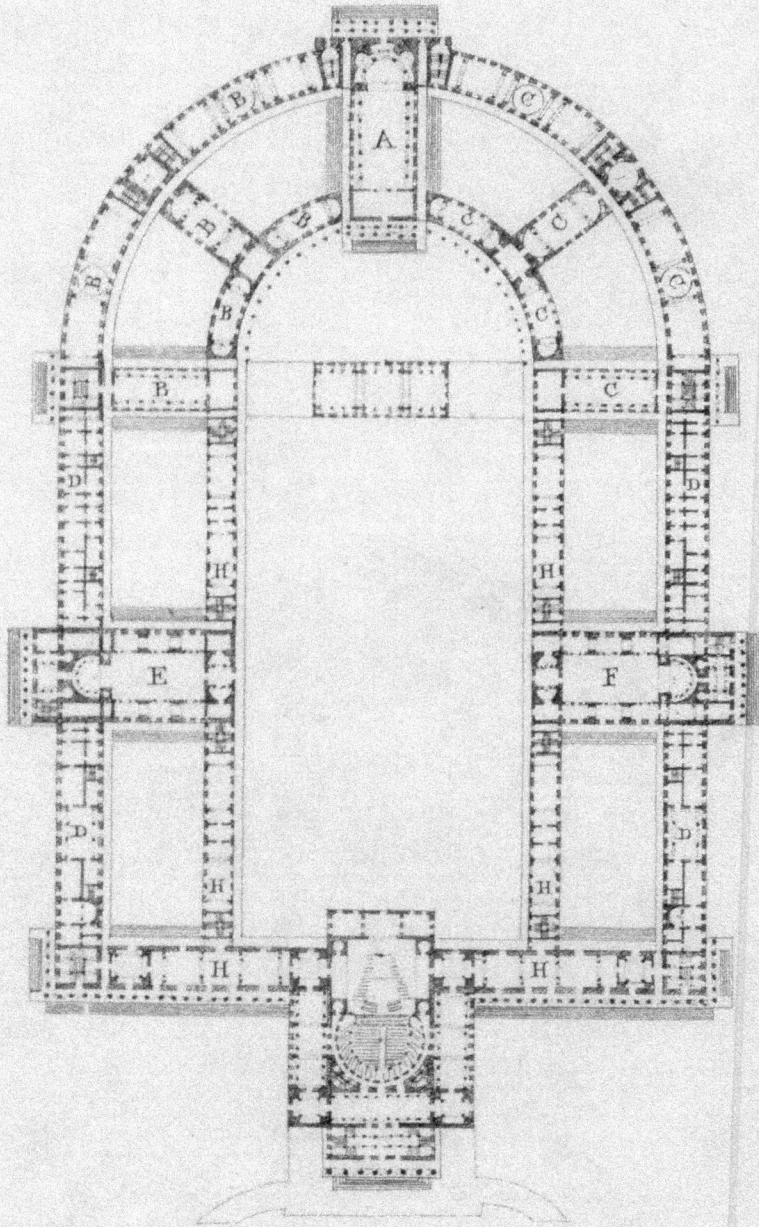

№ V.
Программа Гна. Протопопова.

Рисунки подъ № V. изображаютъ фасадъ, разрѣзъ и планъ проекта, по которому Г. Протопоповъ удостоенъ большой золотой медали.

Въ семъ сочиненіи видѣнъ шпиль больше величественный, и цѣлое зданіе имѣетъ характеръ свойственный своему назначенію. Разположеніе всѣхъ онаго частей соотвѣтствуетъ заданной программѣ. Лѣстницы, коридоры и разныя соединенія находятся въ приличныхъ мѣстахъ. Амфитеатры для концертовъ здѣланы въ хорошемъ и благородномъ шпилѣ; а театръ во вкусѣ древнихъ произведеній, которому слѣдовать всегда полезно. Таланты сего молодаго Художника подаютъ о немъ большую надежду.

Изъясненіе Плана.

A. Церковь.
B. Училище для воспитанниковъ.
C. Училище для воспитанницъ.
D. Квартиры для чиновниковъ.
E. Зала для концертовъ.
F. Зала для репетицій и танцовъ.
G. Зала для писанія декорацій.
H. Театръ съ принадлежащими залами.

No. V.
Programme du Sr. Protopopoff.

Les planches No. V. offrent la façade, la coupe
et le plan du projet sur lequel a concouru le
Sr. Protopopoff. Ce projet est d'un style plus
grandioso. L'édifice présente le caractère de
son objet. La distribution de toutes ses parties
entre tout à fait dans l'idée du programme
donné. Les escaliers, les coridors, les déga-
gemens et les communications sont bien enten-
dus. Les amphithéatres pour les concerts
sont d'un bon style et les proportions en sont
nobles. La sale du théatre est assès dans le
gout des Anciens, que l'on ne sauroit trop
imiter. Les talens de ce jeune Artiste donnent
les plus heureuses espérances.

Renvoi du Plan.

A. Eglise.
B.] Collége des éleves des deux sexes, y compris les
C.]   sales de classes, de récréation, les dortoirs, les
      réfectoirs etc.
D. Logemens des employés.
E. Sale de concerts.
F. Sale de répétition.
G. Sale pour peindre les décorations.
H. Théatre avec ses foyers, la garde-robe etc.

Театръ

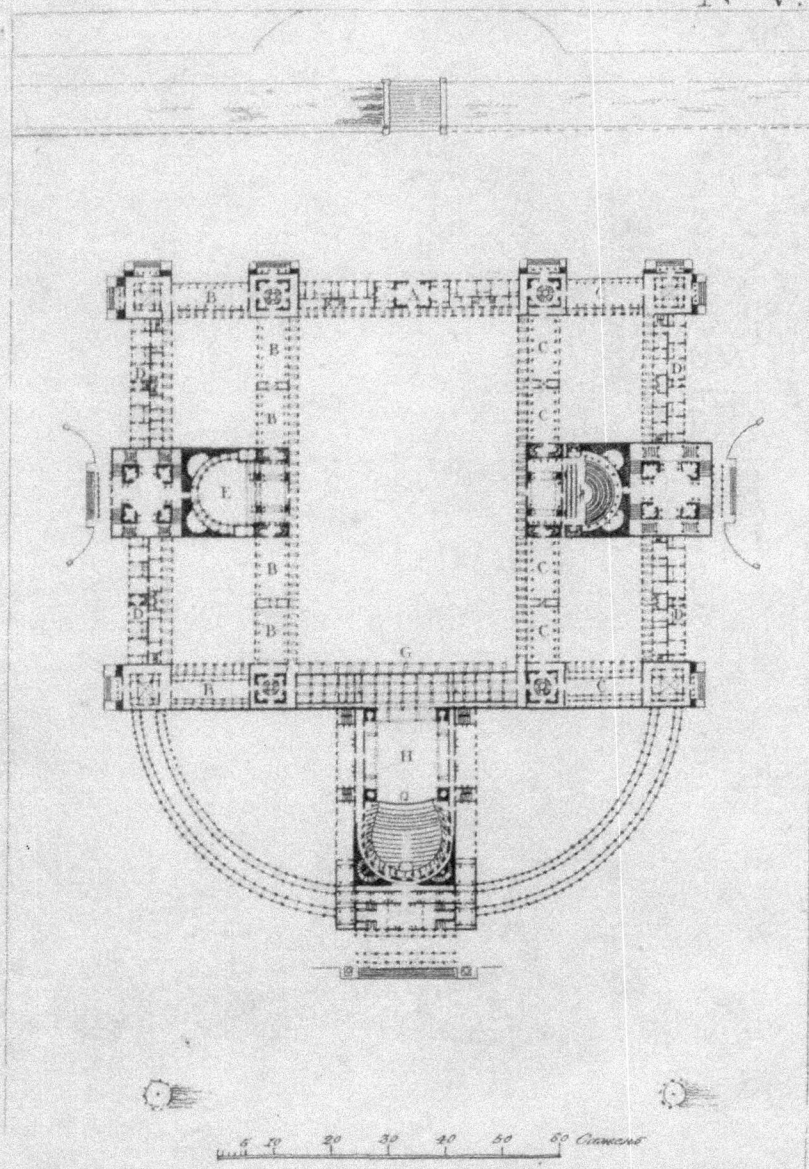

Lpae Cnomankoʋ   Seul Rotnhoff.

№ VI.

Программа Гна. Скошникова.

Рисунокъ подъ № VI. представляетъ эстампъ, выгравированный Г. Скошниковымъ съ картины, писанной Лебрюномъ, находящейся въ ИМПЕРАТОРСКОМЪ Эрмитажѣ, представляющей распятіе Іисуса Христа, за который удостоенъ онъ большой золотой медали. — Сей Эстампъ выгравированъ въ хорошемъ вкусѣ, всѣ мышцы изображены чертами, означающими чувствіе, и рисунокъ здѣланъ съ особливою правильностію. Сей первый опытъ искусства молодаго Художника подаетъ надежду, что мы со временемъ увидимъ въ немъ знаменитаго Гравера, дѣлающаго честь Академіи.

N.º VI.
Programme du S.ʳ Skotnicoff.

La planche N.º VI. offre l'esquisse de l'estampe gravée par le S.ʳ Scotnicoff d'après le tableau original de Lebrun de la gallerie Impériale de l'hermitage, qui représente Jesus Christ en croix. Cet ouvrage mérita le premier prix, consistant en une grande médaille d'or.

Cette estampe est d'un bon genre de gravure; les tailles, mises avec intelligence, font bien sentir les muscles, et le dessein en est très correct. Ce premier essai des talens d'un jeune artiste fait augurer qu'il deviendra avec le tems un graveur très distingué, qui fera honneur à l'Académie.

По заданнымъ въ Архитектурномъ классѣ программамъ удостоены были на третныхъ экзаменахъ серебреныхъ медалей слѣдующія сочиненія воспитанниковъ ИМПЕРАТОРСКОЙ Академіи Художествъ.

L'Academie Imperiale à l'éxamen de chaque tierçal
a decerné des medailles d'argent aux élèves de la
classe d'Architecture pour les programmes ci-dessous
énoncés.

№ VII.

Программа Г на. Мельникова,
Воспитанника 4го. возраста.

Рисунки подъ № VII. изображаютъ фасадъ, разрѣзъ и планъ залы для публичныхъ баловъ, при которой находятся большая столовая съ бюфетами и нѣсколько комнатъ: кухни и прочія принадлежности помѣщены въ нижнемъ этажѣ. Пространство полагается до 300 сажень.

Изъясненіе Плана.

A. Зала для танцовъ.
B. Столовыя.
C. Бюфеты.
D. Комнаты.
E. Прихожая.

N.º VII.

Programme du Sr. Melnicoff,
élève du 4me. age.

———

Les planches N.º VII. offrent la façade, la coupe et le plan d'un salon pour des bals publics avec une grande sale à manger, des buffets et plusieurs cabinets. La cuisine et les chambres d'office sont placées au rèz de chausée. L'espace donnée est de 300 toises quarrées.

———

Renvoi du Plan.

A. Sale pour la danse.
B. Sale à manger.
C. Buffets.
D. Cabinets.
E. Antichambres.

———

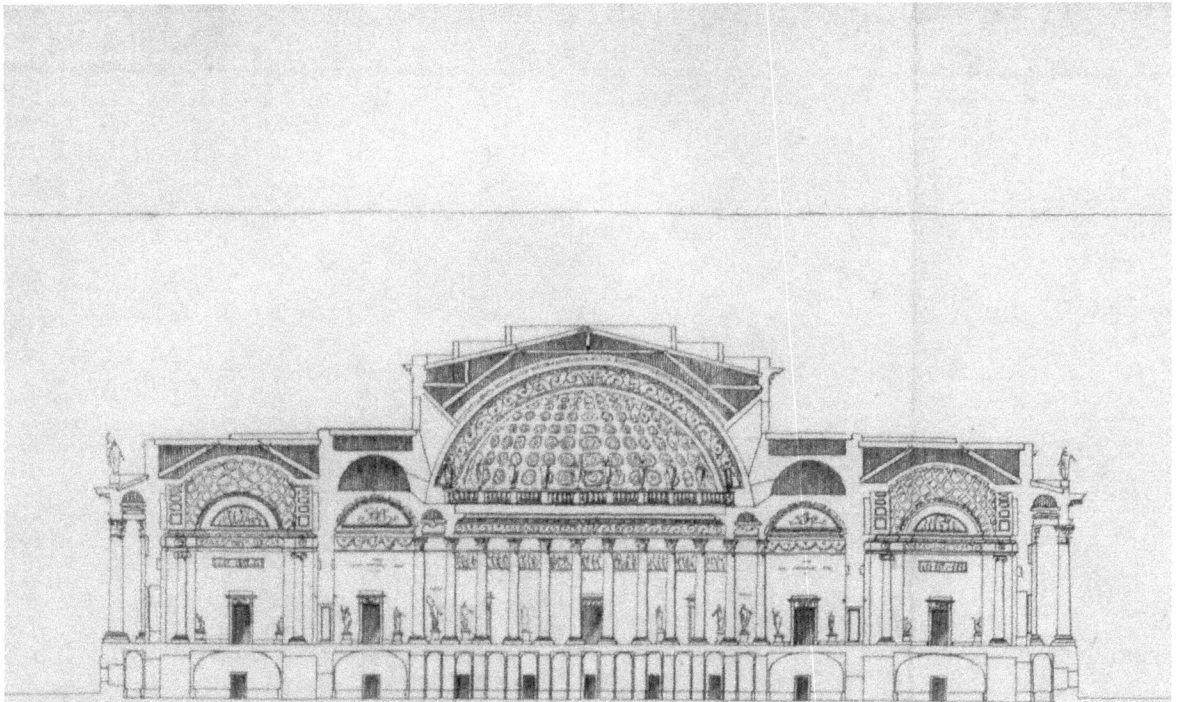

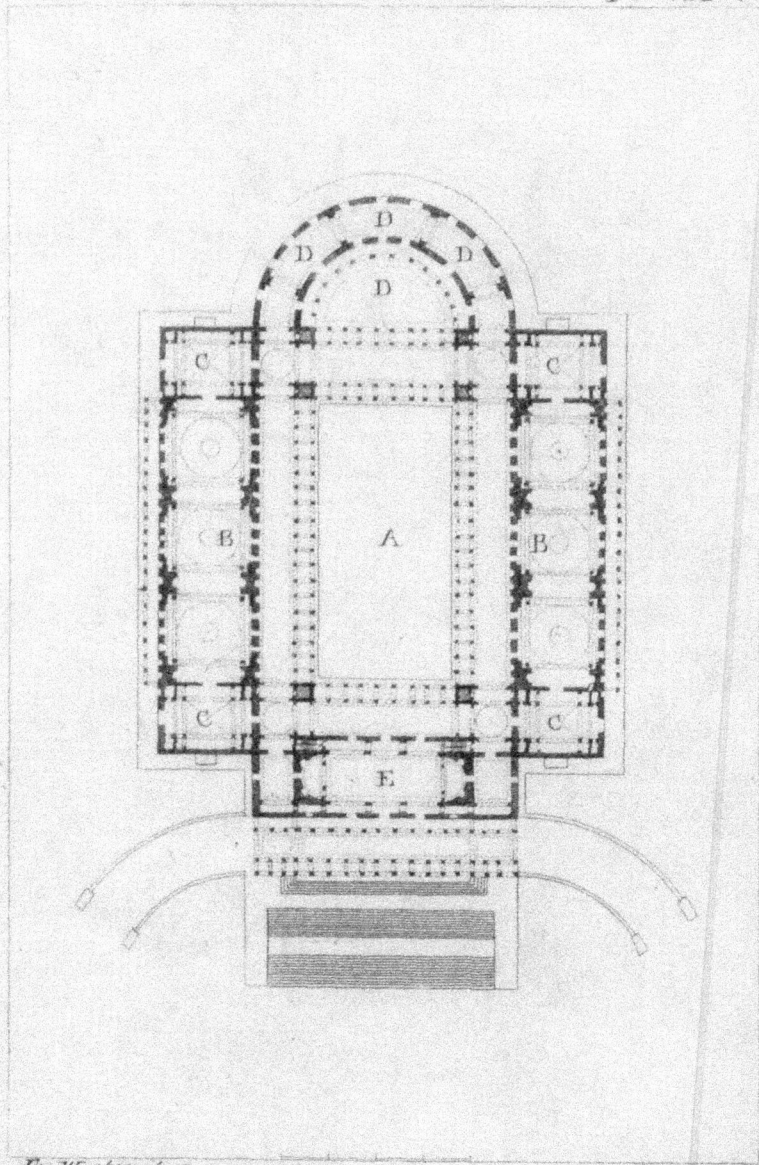

Др. Шелковников.   Sc. Schelkownikoff

№ VIII.

Программа Гна. Бѣлянинова,
Воспитанника 4го. возраста.

Рисунки подъ № VIII. изображаютъ фасадъ, разрѣзъ и планъ залы для публичныхъ баловъ по предъидущей же программѣ.

Объясненіе Плана.

A. Зала для танцовъ.

B. Столовыя.

C. Бюфеты.

D. Комнаты.

E. Прихожая.

F. Большая Лѣстница.

N.º VIII.

Programme du S.ʳ Belaninoff,
éléve du 4.ᵐᵉ. age.

———

Les planches N.º VIII. offrent la façade, la coupe et le plan d'un salon pour des bals publics d'après le programme précedent.

———

Renvoi du Plan.

A. Sale pour la danse.
B. Sale à manger.
C. Buffets.
D. Cabinets.
E. Antichambres.

Бѣлянинъ Гр: Воробьевъ.   inv: Belaninoff

Воробьевъ.   По Воронихину.

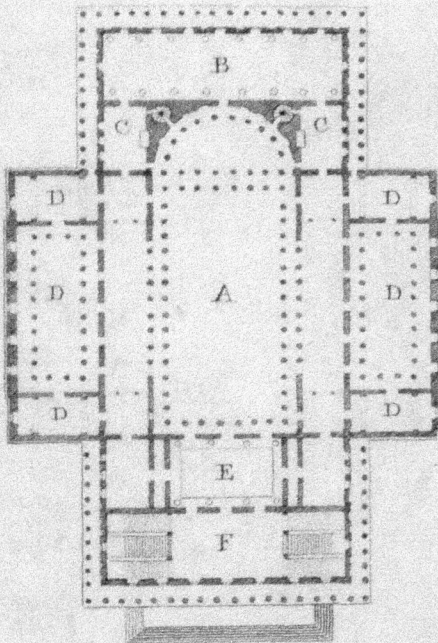

Гр. Воробьёвъ.   Sc. Worobieff.

№ IX.

Программа Г^{на}. Мартоса,
Воспитанника 4го. возраста.

Рисунки подъ № IX. изображаютъ фасадъ, разрѣзъ и планъ павильôна среди пространнаго звѣринца, къ которому всѣ просѣки примыкаются и который служитъ сборищемъ для охотниковъ. Пространство онаго павильôна полагается 20 сажень діаметра.

4

N.º IX.

Programme du S.ʳ Martos,
élève du 4.ᵐᵉ age.

———

Les planches N.º IX. offrent la façade, la coupe et le plan d'un pavillon de chasse au milieu d'un grand parc, où toutes les issuës aboutissent et qui sert de rendez-vous aux chasseurs. Le diamètre de ce pavillon est de 20 toises.

———

Мартос Гр: Бородеев   inv. Martos.

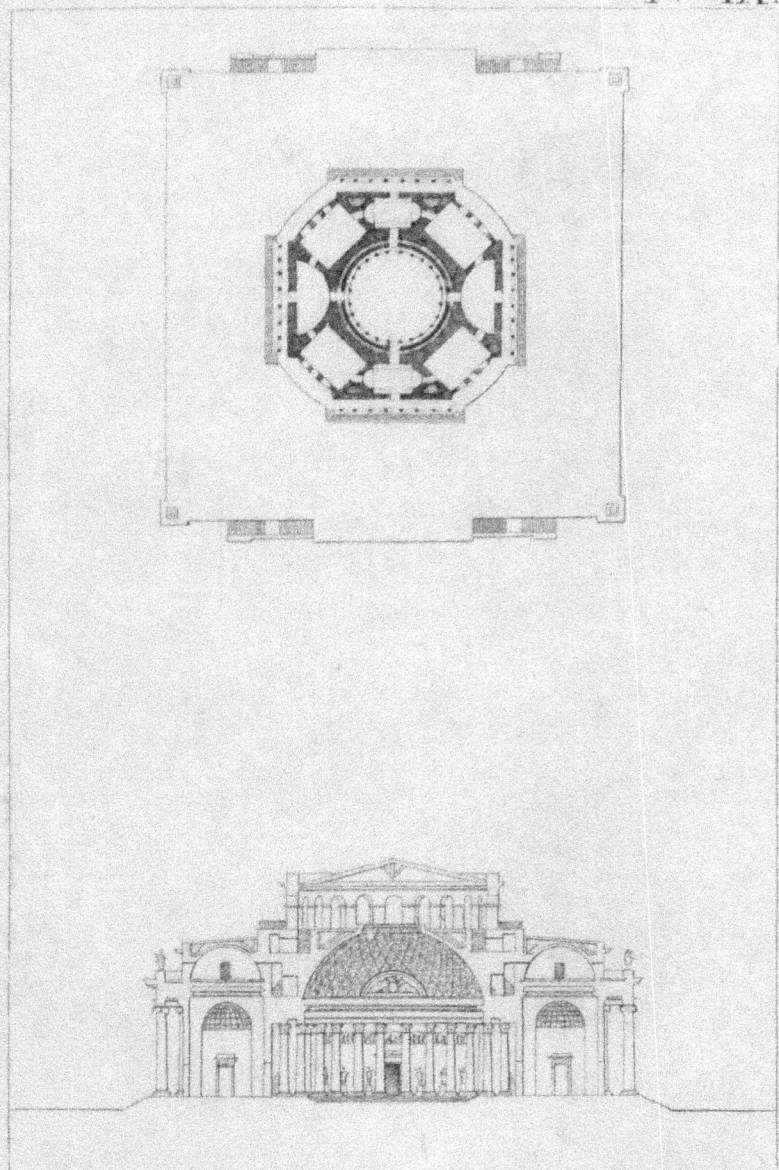

Гр: Воробьевъ.   Pr: Worobieff.

N.º X.

Программа Г^{на}. Шарлеманя,
Воспитанника 4го. возраста.

Рисунки подъ N.º X. изображаютъ фасадъ, разрѣзъ и планъ павильона по предъидущей же программѣ.

N.º X.

Programme du S.ᵗ Charlemagne,
élève du 4.ᵐᵉ age.

————

Les planches N.º X. offrent la façade, la coupe et le plan d'un pavillon de chasse, d'après le programme précedent.

————

Сог: Шарломань Гр: Школьниковъ.   inv: Charlemagne

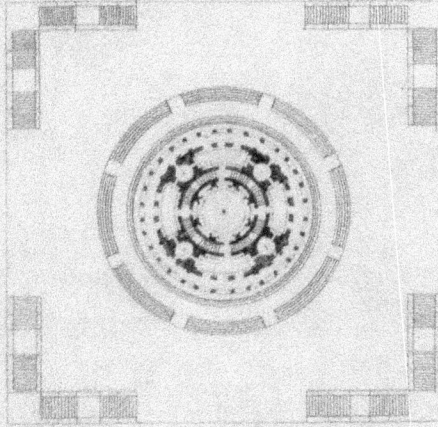

Гр: Шаховскова.   Ар: Щедковникоф.

№ XI.

Программа Гна. Гамзина,
Воспитанника 4го. возраста.

Рисунки подъ № XI. изображаютъ фасадъ, разрѣзъ и планъ публичныхъ теплыхъ и холодныхъ бань, съ раздѣленіемъ для каждаго пола, при которыхъ находятся комнаты для раздѣванія и отдохновенія, также бассеины для купанья. Длина всему зданію назначается 60 сажень.

Изъясненіе Плана.

A. Входъ для мущинъ.

B. Входъ для женщинъ.

C. Покои для раздѣванья и **холодныя бани**.

D. Теплыя бани.

E. Для грѣтія горячей воды.

F. Большой дворъ.

G. Бассейны для купанья.

H. Комнаты для отдохновенія.

N.° XI.

Programme du Sr Gamsine,

élève du 4me. age.

Les planches N.° XI. offrent la façade, la coupe et le plan des bains publics à vapeurs et froids, pour chaque sexe, où il y a des chambres pour se deshabiller et pour se baigner. La longueur de cet édifice est de 60 toises.

Renvoi du Plan.

A. Entrée pour les hommes.

B. Entrée pour les dames.

C. Chambres pour se deshabiller et bains froids.

D. Bains à vapeurs.

E. Cuves pour l'eau chaude.

F. Grande cour.

G. Bassins pour se baigner.

H. Chambres de repos.

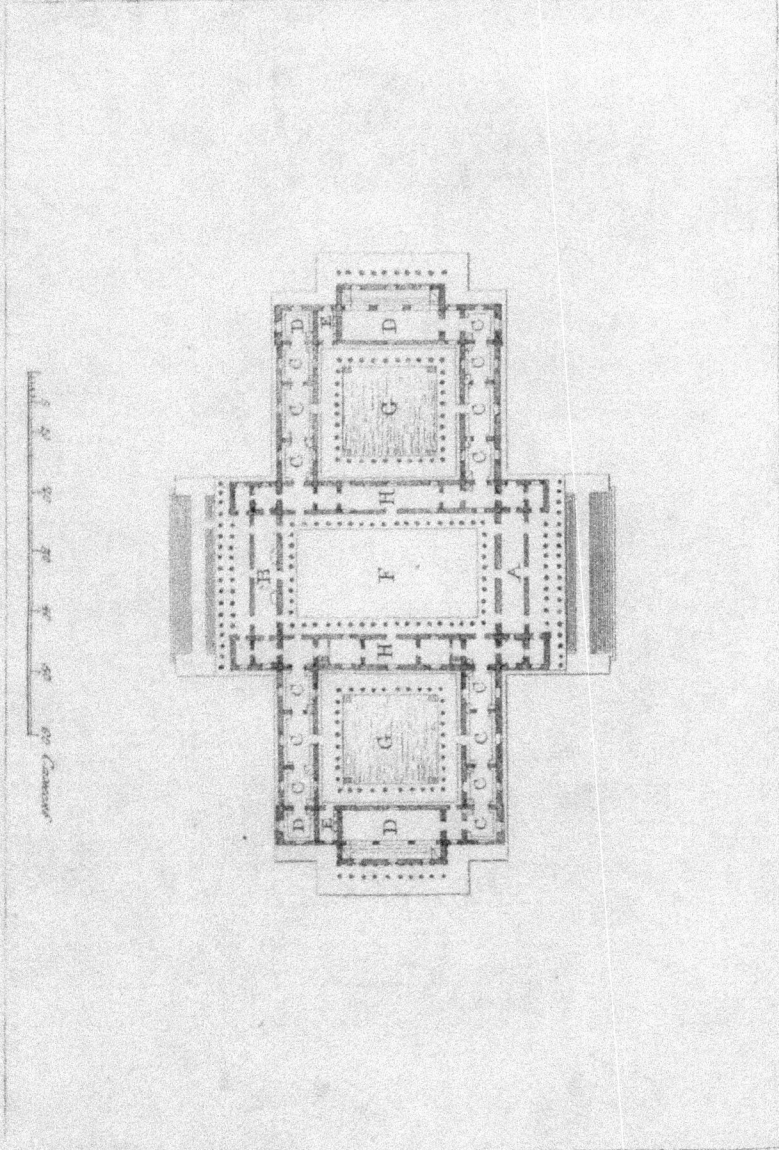

№. XII.

Программа Гна. Колодинова,
Воспитанника 4го. возраста.

Рисунки подъ № XII. изображаютъ фасадъ, разрѣзъ и планъ публичныхъ теплыхъ и холодныхъ бань, для каждаго пола, по предъидущей программѣ.

Изъясненіе Плана.

A. Входъ для мущинъ.
B. Входъ для женщинъ.
C. Покои для раздѣванья и холодныя бани.
D. Теплыя бани.
E. Для грѣтія горячей воды.
F. Большой дворъ.
G. Бассейны для купанья.
H. Комнаты для отдохновенія.

No. XII.

Programme du Sr. Kolodinoff.

Les planches No XII. offrent la façade, la coupe et le plan des bains publics à vapeurs et froids d'après le programme précedent.

Renvoi du Plan.

A. Entrée pour les hommes.

B. Entrée pour les dames.

C. Chambres pour se deshabiller et bains froids pour chaque sexe.

D. Bains à vapeurs pour chaque sexe.

E. Cuves pour l'eau chaude.

F. Grande cour.

G. Bassins pour se baigner.

H. Chambres de repos.

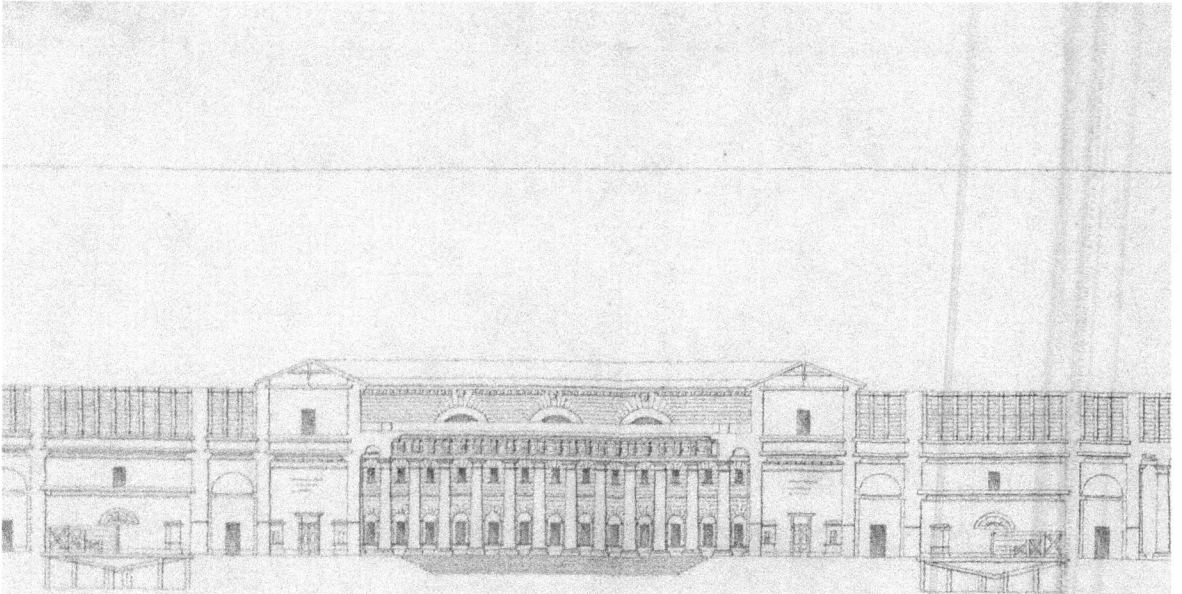

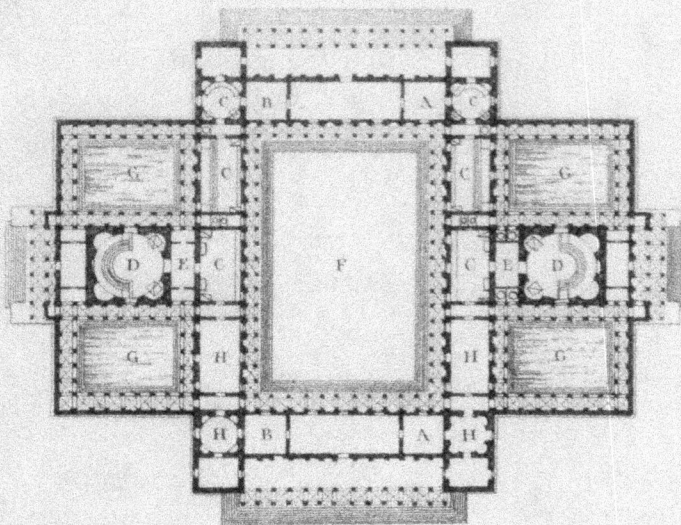

Колодицовъ Гр: Серебеси.   inv. Kolodinoff.

№ XIII.

Программа Гна. Шмита,
Воспитанника 4го. возраста.

———

Рисунки подъ № XIII. изображаютъ фасадъ, разрѣзъ и планъ публичной библіотеки съ кабинетами для упражняющихся въ чтеніи и съ комнатами въ нижнемъ этажѣ для жилища Библіотекаря, Смотрителя и сторожей. Длина всему зданію 60 сажень.

———

Изъясненіе Плана.

A. Залы, гдѣ хранятся книги.

B. Залы для чтенія.

C. Комнаты, для храненія манускриптовъ.

D. Сѣни.

E. Большая лѣстница.

———

Nᵒ XIII.

Programme du Sʳ Schmidt,
élève du 4ᵐᵉ. age.

Les planches Nᵒ XIII. offrent la façade, la coupe et le plan d'une bibliothèque publique avec des cabinets pour lecture. Les logemens du bibliothequaire, de l'inspecteur et des autres employés se trouvent au rez de chaussée. La longueur de cet édifice est de 60 toises.

Renvoi du Plan.

A. Sales, où sont placés les livres.
B. Sale pour lecture.
C. Depot de manuscripts.
D. Vestibule.
E. Grand escalier.
F. Cours.

Шмидтъ   гре. Schmidt.

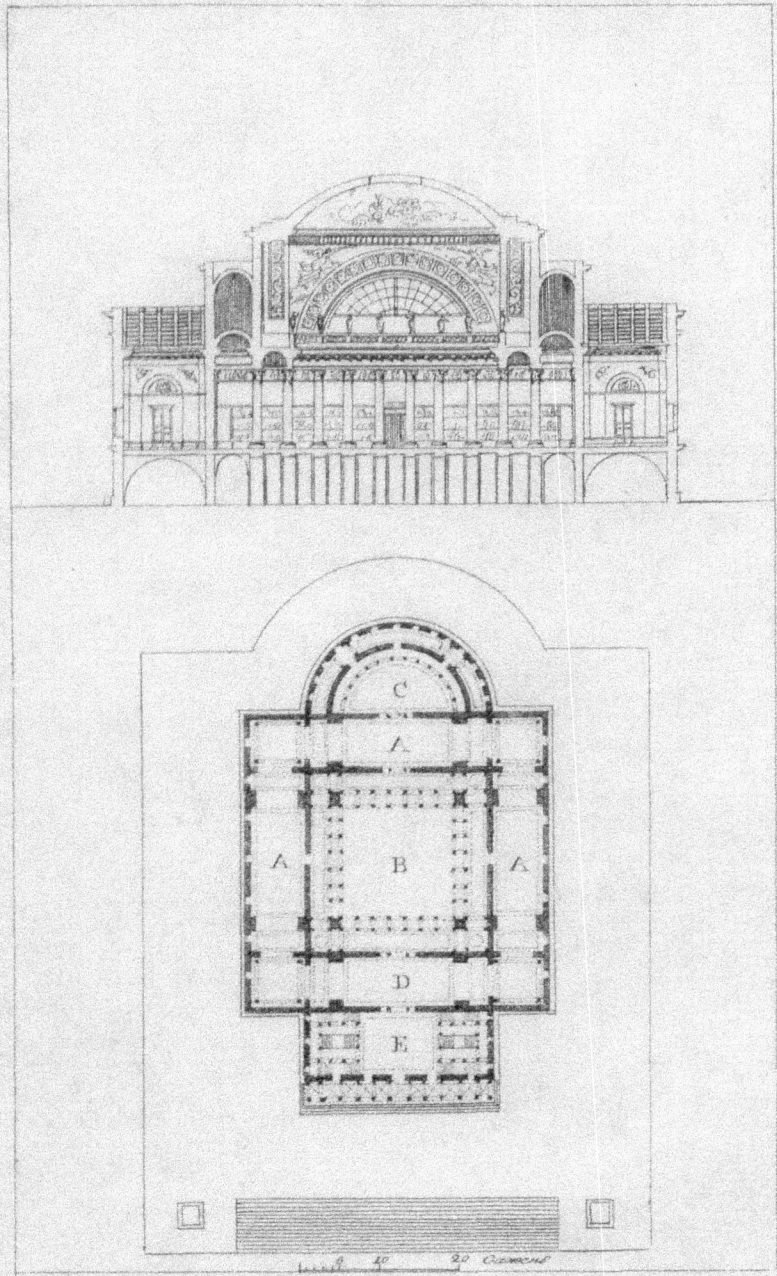

№ XIV.

Программа Гна. Луговскаго,
Воспишанника 4го. возрасша.

———

Рисунки подъ № XIV. изображаютъ фасадъ, разрѣзъ и планъ публичной библіотеки по предъидущей же программѣ.

———

Изъясненіе Плана.

A. Залы, гдѣ хранятся книги.
B. Залы для чшенія.
C. Комнаты для храненія манускриптовъ.
D. Сѣни.
E. Большая лѣстница.
Г. Дворъ.

N.º XIV.

Programme du S.ʳ Lougavskoy,
élève du 4.ᵐᵉ age.

Les planches N.º XIV. offrent la façade, la coupe et le plan d'une bibliothèque publique d'après le programme précédent.

Renvoi du Plan.

A. Sales, où sont placés les livres.
B. Sale pour lecture.
C. Depot des manuscrits.
D. Vestibule.
E. Grand escalier.
F. Cours.

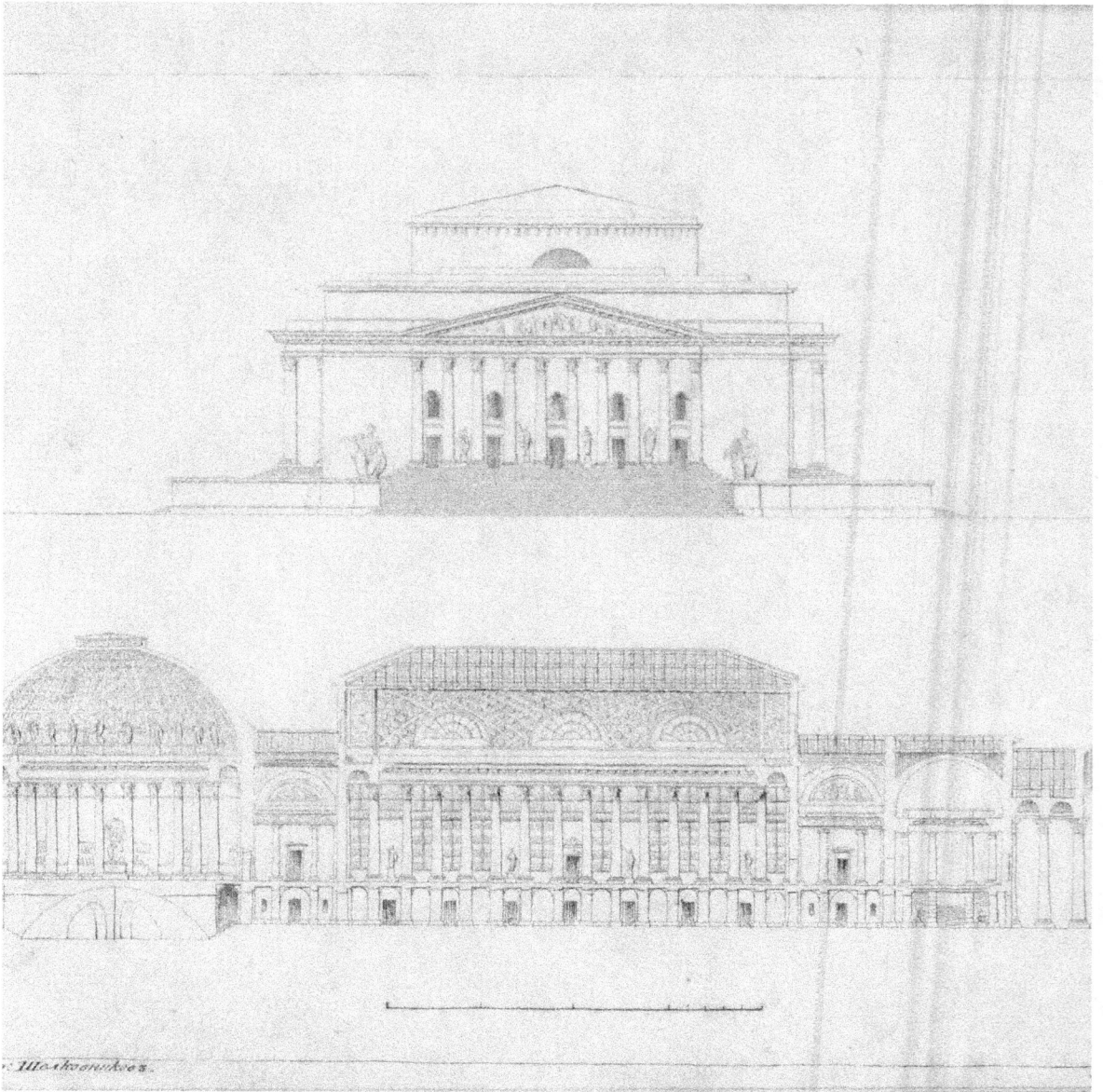

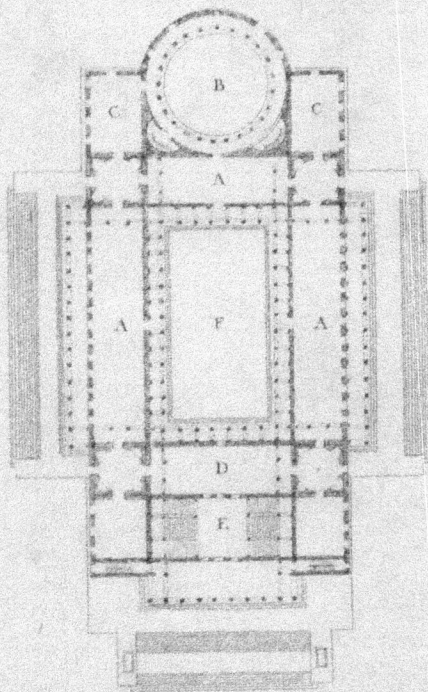

№ XV.

Программа Гна. Андреева,
Воспитанника 4го. возраста.

————

Рисунки подъ № XV. изображаютъ фасадъ, разрѣзъ и планъ лавкамъ въ два этажа, для разныхъ товаровъ, съ довольно пространными кладовыми и посреди съ важнею для мѣры и вѣсовъ. Пространство полагается 90 сажень квадратныхъ.

————

Объясненіе Плана.

A. Лавки съ кладовыми.
B. Важня.
C. Дворы.

№ XV.

Programme du Sr. Andreeff,

élève du 4me. age.

———

Les planches № XV. offrent la façade, la coupe et le plan de boutiques pour differentes marchandises. L'édifice est de deux étages et renferme de grands magazins et au centre une romaine pour le poids et la mesure. L'éspace est fixée à 90 toises quarrées.

———

Renvoi du Plan.

A. Les boutiques avec les magazins.
B. La romaine.
C. Cours.

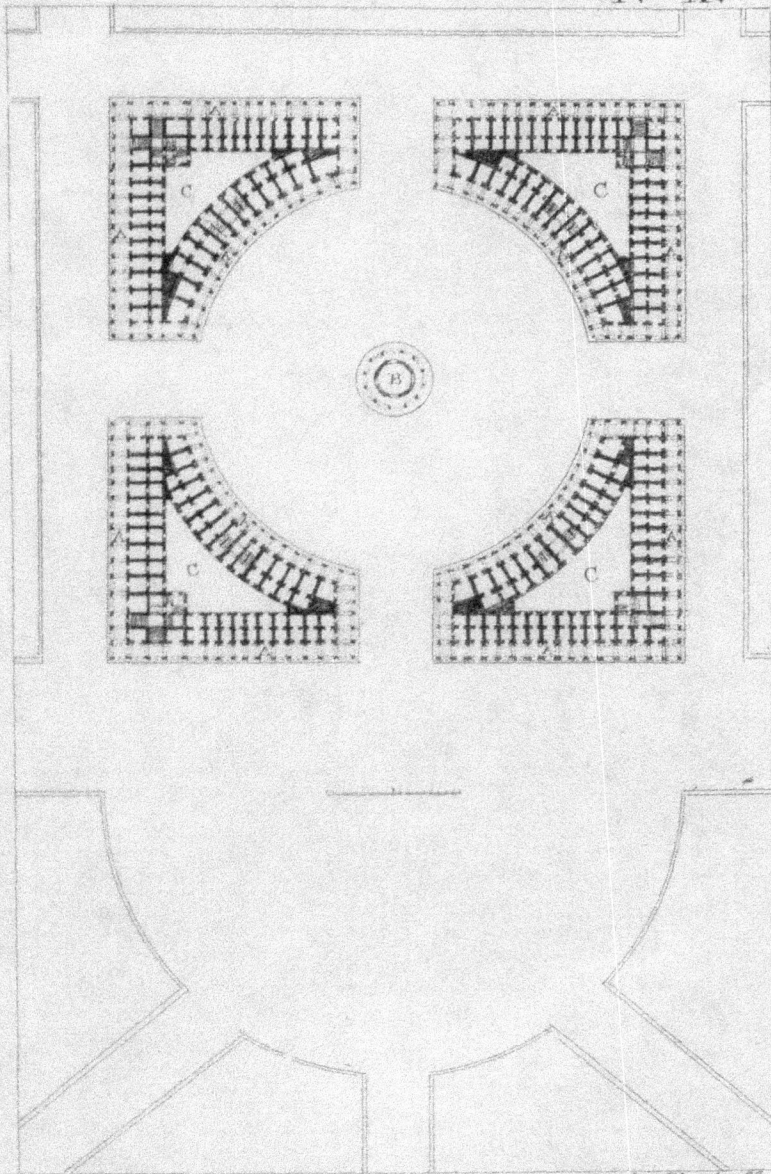

№ XVI.

Программа Гна. Гамзина,
Воспитанника 4го. возраста.

———

Рисунки подъ № XVI. изображаютъ фасадъ,
разрѣзъ и планъ почтоваго двора при большихъ дорогахъ, гдѣ находятся комнаты для
ночлега проѣзжающимъ, флигели для житель-
ства Комисара и конюховъ; конюшня на 60
стойлъ, сараи покрытые для повозокъ,
кузница и прочія принадлежности. Положе-
ніе всего мѣста 35 сажень квадратныхъ: длина же дому отъ 8 до 10 сажень.

———

Изъясненіе Плана.

A. Комнаты для проѣзжающихъ.
B. Жилище Коммисаровъ и прочихъ чиновниковъ.
C. Конюшни.
D. Кузница.
E. Сараи для повозокъ.
F. Ледникъ.
G. Службы для конюшихъ.

No. XVI.

Programme du Sr. Gamsine,
élève du 4me. age.

Les planches No XVI. offrent la façade, la
coupe et le plan d'une maison de poste, qui doit
contenir des chambres pour les voyageurs. Les
ailes sont destinés pour les logemens du commissaire de la poste et des employés. Il doit
y avoir une écurie pour 60 chevaux, des remises,
une forge et autres usines. La maison a 10 toises
de longueur sur 8 de largeur et tout l'empla-
cement est de 35 toises quarrées.

Renvoi du Plan.

A. Chambres pour les voyageurs.
B. Des ailes pour la demeure du commissaire de poste
   et des employés.
C. Ecuries.
D. Forge.
E. Remises.
F. Glacière.
G. Logemens de palfreniers.

Бъ: Галицинъ Гр: Шаховникоог.   inv: Gamsin.

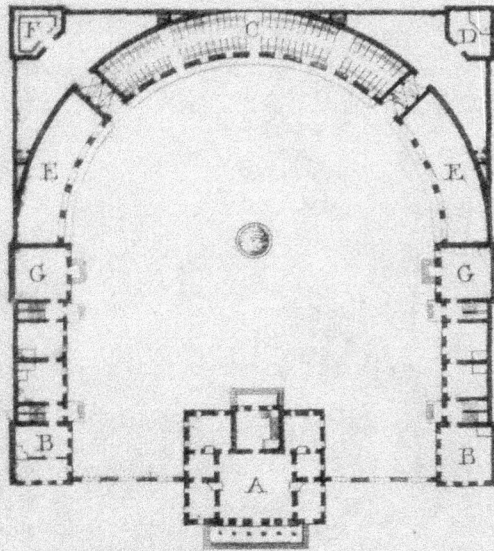

Гр. Шестовитовъ.   Sc. Scheltowrichoff.

№ XVII.

Программа Гна. Мартоса,
Воспитанника 4го. возраста.

Рисунки подъ № XVII. изображаютъ фасадъ, разрѣзъ и планъ приходской церкви, въ которой бы могло помѣститься до 1500 человѣкъ. По программѣ наружныя и внутреннія украшенія должны имѣть больше благородной простоты, нежели великолѣпія.

Изъясненіе Плана.

A. Зимняя Церковь.
B. Лѣтняя Церковь.

No. XVII.

Programme du Sr. Martos,
élève du 4me. age.

Les planches No XVII. offrent la façade, la coupe et le plan d'une église de paroisse, qui doit contenir environ 1500 personnes. Par le programme donné on demande dans les ornemens, tant interieurs qu'exterieurs, plus de simplicité noble que de richesse.

Renvoi du Plan.

A. Eglise d'hiver.
B. Eglise d'été.

Гр. Воробьевъ.   Sc: Worobieff.

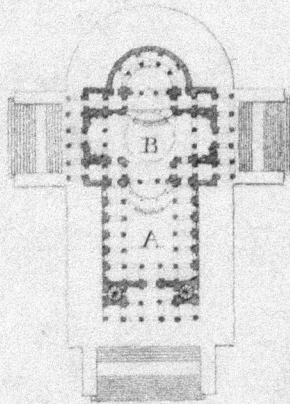

Сос: Мартос Гр. боровіч.   Inv: Martof.

№ XVIII.

Группа, поставленная въ Натурномъ классѣ Г. Профессоромъ Угрюмовымъ.

Рисунокъ подъ № XVIII. изображаетъ группу, за рисованіе и лѣпленіе съ которой, по экзамену Генварской трети, нижеслѣдующіе воспитанники Академіи удостоены серебреныхъ медалей:

Большихъ.

Н. Катинъ.

Я. Ломаковъ.

Меньшихъ.

И. Троянской.

В. Угрюмовъ.

И. Беренцъ.

М. Фроловъ.

И. Командеръ.

А. Ѳедоровъ.

N.º XVIII.

Le Grouppe, posé dans la classe du modèle par M.ʳ· le Professeur Ougrumoff.

La planche N.º XVIII. offre le modèle d'après lequel les élèves de l'Académie ont dessiné et modelé pour le concours du tierçal de Janvier. La grande medaille d'argent a été accordée aux S.ʳˢ· Catine et Lomacoff, et la petite medaille d'argent aux S.ʳˢ· Troyanskoy, Ougrumoff, Berentz, Froloff, Commander, et Fédoroff.

№ XIX.

Группа, поставленная въ Натурномъ классѣ Г. Профессоромъ Прокофьевымъ.

——————

Рисунокъ подъ № XIX. изображаетъ группу, за рисованіе и лѣпленіе съ которой, по экзамену Майской трети, нижеслѣдующіе воспитанники Академіи удостоены серебреныхъ медалей:

Большихъ.

А. Шустовъ.
П. Михайловъ.

Меньшихъ

П. Масловской.
Н. Мартосъ.
И. Яковлевъ.
И. Ляпинъ.
И. Шиловъ.

Nᵒ XIX.

Le Grouppe, posé dans la classe de modèle
par Mʳ· le Professeur Procofieff.

La planche Nº XIX. offre le modèle d'après
lequel les élèves de l'Académie ont dessiné et
modelé pour le concours du tierçal de Mai.
La grande medaille d'argent a été accordée aux
Sʳˢ· Schoustoff et Michayloff, et la petite medaille
d'argent aux Sʳˢ· Masloffsky, Martos, Yacowleff,
Liatine et Schiloff.

Tñ. Hempoer.   gr. Petroff.

№ XX.

Группа, поставленная въ Натурномъ классѣ Г. Профессоромъ Щедринымъ.

———

Рисунокъ подъ № XX. изображаетъ группу, за рисованіе и лѣпленіе съ которой, по экзамену Сентябрской трети, нижеслѣдущіе воспитанники Академіи удостоены серебреныхъ медалей:

Большихъ:

А. Кануниковъ.

И. Троянской.

Я. Коковинъ.

М. Фроловъ.

А. Ѳедоровъ.

Меньшихъ.

К. Витбергъ.

П. Матюшенковъ.

П. Соколовъ.

Д. Ивановъ.

No. XX.

Le Grouppe, posé dans la classe du modèle par Mr. le Professeur Schedrine.

La planche No. XX. offre le modèle d'après lequel les élèves de l'Academie ont dessiné et modelé pour le concours du tierçal de Septembre. La grande medaille d'argent a été accordée aux Srs. Kanounnicoff, Troyanskoy, Kacowine, Froloff et Fédoroff, et la petite medaille d'argent aux Srs. Witberg, Matuschencoff, Socoloff et Iwanoff.

www.ingramcontent.com/pod-product-compliance
Lightning Source LLC
Chambersburg PA
CBHW081520040426
42447CB00013B/3278